花サプリ

しあわせいっぱい、ことばの花束120

新井光史

雷鳥社

花はいずれ枯れて
土にかえっていきます。
儚いことです。
だからこそ、
いつまでも心に残しておきたい。

“一瞬の花を永遠の記憶に”
心に残る花をあなたに贈ります。

スズラン【純潔・純愛】／スノードロップ【希望・初恋の溜息】

クルクマ【あなたの姿に酔いしれる】
シンプルにクルクマだけをスパイラルに束ねるだけのブーケです。
花言葉にぴったりなイメージだと思います。

「幸福は、遠くにあるものでも、人が運んで来るものでもない、自分の心の中にある」

宇野千代（小説家・日本/海竜社「幸福の法則一日一言」より）

小さな幸せは探せば自分自身の周りにたくさんある。
例えば朝ごはんで卵の黄身が２個だったり、通勤中に道端で小さな花を見つけたり、帰り道の夕日がものすごく綺麗だったり……。
些細な幸せに感謝して笑顔でいると、きっと大きな幸せがやってくる。

「一輪の花は百輪の花よりもはなやかさを思わせるのです」

川端康成(小説家・日本/「名言ナビ」より)

いつも友達と一緒に行動する人よりも、
時々一人で物思いにふけっている人が素敵だ。

カサブランカ【雄大な愛・高貴】
大輪咲の百合といえばカサブランカですが、日本の原種をヨーロッパへ持ち帰ってオランダで品種改良したものが逆輸入されたということです。そういえばどことなく山百合に似ていますね。

クレマチス【心の美しさ】／シューティングスター（白鷺かやつり草）
クレマチスは水がしっかり上がるととても長持ちする花です。繊細でどことなくオリエンタルな雰囲気を醸し出しています。ウエディングブーケに使う時は、吸水性スポンジがセットされたブーケホルダーを使ったデザインをおすすめします。

「四季は、それぞれの季節がくれば、いつも私たちにとって一番よい」

ヘンリー・デイヴィッド・ソロー（作家・アメリカ／「名言ナビ」より）

日本は、他国と比べて四季がはっきり分かれている国だ。
都会で季節を感じるためにお花を身近に飾ろう。

「美しいと思うことに理屈はいらない。
自分が美しいと思うものは、単純に美しい。
美しいものを美しいと思う心を大切にしたい」

新井光史（フラワーデザイナー・日本）

生まれて初めてカトレアを見たとき言葉を失った。
カトレアの名前はイギリスの植物収集家 William Cattley から来ている。
もともと彼が南米から送ってもらった
観葉植物の梱包材として使われていた植物を育てたら、
信じられないほど美しい花が咲いたという。
大輪のカトレアは、バブル景気の頃ウエディングシーンによく登場したが、
最近は中輪タイプのものが人気だ。

カトレア【あなたは美しい】
1970年から80年にかけてカトレアはコサージュとして様々な受賞式で入賞者の胸を飾りました。今では、華やかすぎてつける人が少なくなりましたが、ウエディングブーケには、中輪のものがよく使われています。

「人生の目的は幸せになることです」

ダライ・ラマ14世（宗教家・チベット/イーストプレス刊「抱く言葉」より）

元気が出ない時、まず鏡に向かって鏡の自分に笑ってみる。
作り笑いでもいいから笑ってみる。声を出せれば出して笑ってみる。
少しだけ、幸せな気持ちになる。今日も一日よろしく！！

ガーデニア【私は幸せです】／ハゴロモジャスミン【優美・愛らしさ】
昨今、四季のメリハリがなくなってきています。お花の世界もチューリップやアジサイはオランダから輸入され品質はともかく、一年中手に入ります。このブーケに使ったガーデニア（クチナシ）は初夏（５月から７月）にしか出荷されないお花です。

「天には星がなければならない。
大地には花がなければならない。
そして、人間には愛がなければならない」

ゲーテ（小説家・ドイツ／「ヨハン・ゲーテの名言」より）

流れ星が流れているときに願い事をすると願いが叶うという諺がある。
花嫁さんの願いが、かないますように。

マダガスカルジャスミン【優美】／ルスカス
香りがジャスミンに似ているので名前にジャスミンがついていますが、ジャスミンの仲間ではありません。ブーケに使う時に湿ったコットンを花弁の中に入れてあげると花持ちがとてもよくなり重宝する花材です。

「人生ってソフトクリームみたいなもんさ……
なめてかかることも学ばないとね」

チャールズ・M・シュルツ(漫画家・アメリカ/「チャーリーブラウンの名言」より)

それぞれの人生、溶けないうちに味わってみよう!

パフィオペディルム/アジサイ/トラデスカンチア【貴ぶ】
ミスカンサス【心が通じる】/ヒオウギの実/シロシマウチワ

ブーケの色を同系色でまとめる場合、素材の質感が違うものを混ぜると単調にならず、出来上がりに面白みがでます。ざらざらした素材とツルツルした素材などニュアンスの違うものを組み合わせてみてください。

「花には水を　人には愛の言葉を」

作者不詳

お花にも人にも心のこもった言葉をかけてあげる。
そうすると、長生きする。

ユーチャリス【気品】／ライラック【無邪気・青春の歓び】／宿根スイトピー【ほのかな喜び・門出】／アジアンタム【天真爛漫】

切り花が枯れるほとんどの原因は、水が汚れてバクテリアが発生して水揚げができなくなることです。最低でも一日一回はお水を変えて、よく切れる鋏で少し茎をカットしてあげると長持ちします。

**「あんなに輝いている太陽にさえ
黒点というしみがある。
しかし太陽は悲しんではいないはず」**

須藤元気（作家・日本/ベースボールマガジン社「風の谷のあの人と結婚する方法」より）

コンプレックスは誰しも持っていると思うけれど
それが他人から見るとチャーミングポイントだったりする。
自信をもって生きよう。

宿根スイトピー【ほのかな喜び・門出】／オクラレルカ【良い知らせ】
宿根スイトピー（サマースイトピー）は通常のスイトピーよりも花が小ぶりでかわいい素材です。そして茎のラインが美しく、また先端のひげが動き出すようです。

**「誰かを好きだと言う気持ちは、
その人を元気にします。
側で見ていても
うきうきしているのがわかります」**

渡辺淳一(小説家・日本/講談社「幸せ上手」より)

別に相手が無関心でも、好きという気持ちを持つだけで
人は生き生きする。

スズラン【純潔・純愛】／トラデスカンチア【貴ぶ】
イギリスやフランスでは５月１日にスズランを贈られると幸せになると言われています。とっても可憐で、繊細なスズランです。大好きな人へスズランを贈って、幸福のおすそわけをしましょう。

「未来は、今日創られる」

福島正伸（作家・日本/中部出版「一日一分元気になる法則」より）

今、自分にできる事をコツコツ地道にやった人に未来はある。

クレマチス【心の美しさ】

お花が生産者から入荷したときほとんどの花は、蕾の状態です。ウエディングブーケに使う時は一番美しい咲き具合を調整して製作します。結婚式の当日に蕾だけのブーケとか全開した散りそうな花を使ったブーケはプロとして失格だと思います。美しくデザインすることも大切ですが、開花調整は、それと同じくらい大切な作業です。

「可愛くなければ生きていけない。
可愛いだけでは生きていけない」

押切もえ（ファッションモデル・日本／「押切もえの名言」より）

世の女性がお花を見て素敵だと感じたとき
80％くらいのかたが“かわいい～”と言葉をかけてくださる。
それはそれで嬉しい。
もっと嬉しいのは、“上品でかわいい”“妖艶でかわいい”“艶やかでかわいい”
“鮮やかでかわいい”“清潔感があってかわいい”など
プラスワンの一言をいってくれる女性。最高に感激する。

バラ（アバランシェ）【尊敬】

花嫁さんのこだわりでブーケに大きなリボンをつけてほしいというリクエストがありました。市販されていないので、シルク生地で手作りした結果、ドレスとの相性も良くとってもお似合いでした。世界で一つだけのブーケを作るために既製品では限界があるので、ハンドメイドをする努力はおしみません。

宿根スイトピー【ほのかな喜び・門出】
3月から4月にかけてスイトピーは店頭になくてはならない花です。どんな花とも合わせやすく、春の香りを届けてくれます。

ホワイトスター【信じあう心】／ヒムロ杉
ホワイトスター、ブルースターは茎を切ると白い汁が出ます。皮膚が弱い人は、この汁が付くと痒みで我慢できなくなるので注意しましょう。

「悲観的になったら薔薇を眺めよ」

アルベール・サマン（作家・フランス／「名言ナビ」より）

元気がない時に花を見てると少しは気が晴れる。

バラ（シュドゥーブル）／スプレーバラ（フェアービアンカ）
宿根スイトピー【ほのかな喜び・門出】／ライラック（白）【無邪気・青春の歓び】

ウエディングブーケの色で一番人気は白です。
その白色にも透き通るような純白やライムグリーンやオフホワイトのものと様々です。ブーケをお花屋さんにオーダーするときは、ドレスのシルエットと素材感がわかる写真をお持ちください。同じ白上がりのブーケでもドレスによって似合う花が微妙に違います。もちろん一番確実なのはフローリストが実際ドレスを見て判断することです。

「私と結婚すると楽しいと思うんだけどな」

夏目雅子（女優・日本/夏目雅子さんプロポーズの言葉より）

人生で一番お花に対してお金を使うときは結婚式だ。
生まれたときも死ぬときもお花を飾る。
主役である本人の意向が反映されるイベントは断トツで結婚式だ。
そんな結婚式のブーケを決めるときは思いっきりわがままでいよう。
神様も一生に一度のわがままはお許しくださる。

ユーチャリス【気品】／宿根スイトピー【ほのかな喜び・門出】／ビバーナム【茶目っ気】／ライラック【無邪気・青春の喜び】／アジアンタム【天真爛漫】

白い花の中で一番透明感のある白い花は、ユーチャリスだと思います。凛として品格がありウエディングブーケにぴったりの花材です。

「一期一会」

（茶道に由来することわざ・日本）

過去にはもう戻れない
未来もどうなるか分からない
今がすべてだ。

カトレア【あなたは美しい】／オクラレルカ【良い知らせ】
オクラレルカはやわらかい緑色とシャープな線がきれいな“和”のテイストを持った素材です。

「大げさに考えすぎないように気をつけることだよ」

トーベ・ヤンソン（作家・フィンランド/講談社「スナフキンの名言集」より）

Take it easy. やってみると意外と簡単だったことってたくさんあるよね。
習うより慣れよう。

ツバキ【控えめな美点】／アオモジ

花を贈る注意点のひとつに、お見舞いに椿を使ったものはタブーということがあります。椿は散るときに花弁が一枚一枚散るのではなく花首ごとボトンと落ちることが不吉だということです。そんなマイナスイメージにこだわりがなければ結婚式の和装のシーンで使える日本らしい花だと思います。

「十二歳の時のような友達は
もう二度とできない……もう二度と……」

スティーヴン・キング（小説家・アメリカ/映画「スタンドバイミー」より）

成人して大人になって、損得抜きでバカ話ができる友人は財産だ。
財産は大切にしないとなくなるので、たまには感謝を忘れないようにする。

スグリ【私はあなたを喜ばせる】／ブラックベリー【人を思いやる心】／利休草【奥ゆかしさ】／アジアンタム【天真爛漫】／ヒューケラ【恋心・きらめき】／ビバーナム【茶目っ気】／風知草【未来】／アジサイ／葡萄【陶酔】

私の中で素敵なお花屋さんを見分ける基準があります。それはたくさんのグリーン（葉物）がそろっていることです。同じ花でも合わせる葉物では全く別の表情を見せてくれます。それだけ多くの葉物がそろっているということはデザインに広がりがあるということです。いいお花屋さんと仲良くなりましょう。

**「人間ちゅうのは不思議な生き物でな。
自分にとってどうでもええ人には
気い遣いよるくせに、一番お世話になった人や
一番自分を好きでいてくれる人、
つまり、自分にとって一番大事な人を
一番ぞんざいに扱うんや。
たとえば……親や」**

水野敬也(作家・日本/飛鳥新社「夢をかなえるゾウ」より)

親孝行したいときには親はなし。
この世に生まれたのは間違いなく親のお蔭です。
誕生日は、自分がプレゼントをもらうのではなく、
親へ感謝の気持ちを花束にしてプレゼントしてみる。
きっと喜んでくれるはず。

バラ(グリーンハート)/トルコキキョウ【希望】/スプレーバラ(エクレール)/スプレーバラ(コットンカップ)/アジサイ/セダム【静穏】/ゼラニウム【愛情】/レモンリーフ

少し人と違ったお花を贈りたいときのお奨めは白とグリーンの組み合わせでアレンジしたものをおすすめします。一般的にピンク、赤、オレンジ、黄色といった華やかなものが好まれますが、白とグリーンの組み合わせはとても印象に残り、飾る場所の色調を選ばないと思います。ただ年配の方や、派手なお色味がお好きな方へは白、グリーン以外のものをおすすめします。

「そのうちなんてあてにならない
今がその時さ」

トーベ・ヤンソン(作家・フィンランド/講談社「スナフキンの名言集」より)

「そのうち、二人でローマへいって
おいしいパスタをおなか一杯食べよう！」って誘われても、
そのうちは間違いなくやってこない。
具体的にローマまでの航空運賃を調べたり、
パソコンでレストランを検索したり
今、できることをすぐ実行することが実現につながる。

アンスリューム

アンスリュームの花は先端の指のようなところに小さな花がたくさん集まっています。花の様に思われているハート型の部分は苞という葉っぱが変化したものなんです。赤い色が一般的によく見かけますが、最近では白、ピンク、グリーンなどバリエーションが豊富になってきました。夏にお花があまり長持ちしない時にとても重宝する花材です。ハワイなどで海外挙式をお考えの新婦さんや、トロピカル調の会場での披露宴にはぴったりなブーケです。

**「蝶はもぐらではない、
でも、そのことを残念がる蝶はいないだろう」**

アインシュタイン（科学者・ドイツ/ディスカバー新書「アインシュタイン150の言葉」より）

人を羨まず自分の良さをじっと見つめて、そこで勝負する。

クレマチス【心の美しさ】／スチールグラス【率直】

花屋さんで花を買ってきてお部屋に飾り、時間がたつと枯れてしまいます。でもそのお花に蕾がついていたら２番花、３番花を楽しめる可能性が残されています。一番最初に咲く１番花は立派ですが、２番花、３番花はそれなりに風情があって控えめな美しさがあります。最初の花がだめになったからとすぐに捨てないで２番花、３番花もお楽しみください。

「悩んでいる時間は、成長している時間」

福島正伸（作家・日本/中部出版「一日一分元気になる法則」より）

みんな悩んで悩みぬいていい男といい女になっていく。
悩みがそのひとの生きた証だ。

パフィオペディラム【思慮深さ】／サンゴミズキ【洗練】
結婚式の装飾で造形的なデザインを取り入れるときに生け花などで使う枝ものがとても役に立ちます。手で矯めると形が作れるので、丸、三角、四角などジオメトリックなモダンデザインに最適です。

スプレーバラ（グリーンアイス）
可憐なバラ、グリーンアイスは、最初淡いピンクがかった白色です。そして白になって、最後にはグリーンに変化します。一粒で3度おいしい、お得なミニバラです。

「美しいバラは刺の上に咲く。悲しみのあとには必ず喜びがある」

ウイリアム・スミス（地質学者・イギリス/「名言ナビ」より）

人生は悲しい時ばかりじゃない。必ずうれしいことが待っている。
悲しみがあったほうが、喜びも倍増する。

スプレーバラ（スプレーウイット）
スプレーウイットは蕾から開花するまでとても長く楽しめるバラです。咲き方もコロンとしていてかわいらしい花材です。

「やさしい言葉は、たとえ簡単な言葉でも、ずっとずっと心にこだまする」

マザーテレサ（修道女・マケドニア／「成功を呼ぶ名言」より）

心がこもった言葉は心にじわーっときいてくる。

「雑草という草はありません。草にはみんな名前があります」

昭和天皇（日本/「みんなの名言集」より）

挨拶するときに「こんにちは」って言うだけよりも
「○○さん、こんにちは」って名前を付けるほうが仲良くなれる。
友達を多く作る秘訣は名前を憶えること。名前はその人の宝物。

胡蝶蘭（ファレノプシス）【あなたを愛す】／スチールグラス【率直】
胡蝶蘭の別名ファレノプシスといいます。ファレノプシスは“蛾のような”という意味があるそうです。
日本名が胡蝶蘭ではなかったら、お祝いには需要がなかったことでしょう。

「変わりたければ『私、これじゃなきゃダメなの』と
決め込んだりしないことが大切ね。
いくつになっても変われる。
可能性があると思うとワクワクするじゃない？」
黒柳徹子(タレント・日本/「名言コトバスキー」より)

たまには普段着ない色目の服を買ってみる。
意外と気持ちまでワクワクしてくる。
ちょっとしたきっかけで人生が楽しくなる。

アジサイ／アナベル【ひたむきな愛】
ご自宅でアジサイの切り花を飾る場合、切り花栄養剤を使うととても長持ちして発色もよく開花します。これは本当の話です。まずしっかり水揚げされていることが大切です。なので花の下準備が完璧なお花屋さんでお買い上げください。ウエディングのお花にも大きくてインパクトのあるデザインには欠かせない素材です。今はオランダなど海外から一年中入手できます。

「朝ご飯がおいしければ一日が幸福です」

宇野千代（小説家・日本／海竜社「幸福の法則一日一言」より）

食欲は健康のバロメーター。自然からの恵みに感謝していただこう。

クレマチス【心の美しさ】／シマハラン【平癒】

ハランはとても強いグリーンです。水につかっていなくても色あせず緑のままで1日は元気です。縞模様の入ったものや葉先に白い斑が入ったものなどあり、いろいろなデザインに使えるグリーンです。切り花として花瓶に生けると、管理が良ければ一か月はきれいな緑を楽しめます。

「誰に言われるでもなく、勝手に想像して
ワクワクしてしまうようなんが夢やねん。
考えはじめたら楽しゅうて
止まらんようになるんが夢やねん」

水野敬也（作家・日本/飛鳥新社「夢をかなえるゾウ」より）

ドキドキするような夢を枕にしてぐっすり眠りにつこう。Sweet dream.

ビバーナム【茶目っ気】／スグリ【私はあなたを喜ばせる】／アストランチア【知性・愛の渇き】／リシアンサス【優美】／スズラン【純潔・純愛】／トラデスカンチア【貴ぶ】
アジサイを小さくしたくらいの大きさで、さわやかなイメージを持つビバーナムはどんなフラワーアレンジにもしっくりするオールマイティーな素材です。最初はライムグリーンですが、開花すると白くなります。

「人はうまくいかないことで試されたり、
うまくいくことで試されたりする」

福島正伸（作家・日本/中部出版「一日一分元気になる法則」より）

人生の出来事はすべてうまくいってもいかなくても神様があなたを試していると思う。少しうまくいったからとおごらず、うまくいかなかったからと簡単にあきらめず努力していると必ずいいことが起こる。

フランネルフラワー【高潔】／シンフォリカルポス【いつまでも献身的に】／トケイソウ【聖なる愛】／ユーカリポプラスベリー／グリーンスケール

フランネルフラワーは、触るととてもやわらかくその名のとおりフランネルの質感を持ってます。合わせるグリーンは少しグレイッシュなユーカリポプラスがお奨めです。

「失敗なんて、完全な人生のために
しなくちゃいけないことのほんの一部よ」

ソフィア・ローレン（女優・イタリア／「世界の名言・癒しの言葉・ジョーク」より）

人生何が起こるかわからないけど、ビビることない。
失敗は人生という一皿を美味しくしてくれる
スパイスのようなものだ。

白バラ【尊敬・私はあなたにふさわしい】／シンフォリカルポス【いつまでも献身的に】／ピットスポラム【飛躍】

フラワーアレンジメントで一般に実物といえば赤や黄色、オレンジ、グリーンですが、シンフォリカルポスは白色の珍しい実をつけます。秋のウエディングに使える素敵な実物です。

「大人は責任を背負うのがあたりまえ。逃げることは出来ないんだ」

矢沢永吉（歌手・日本/GQ japan 2010年8月号 コンデナスト・パブリケーションズより）

結局自分で決めて自分で歩いてきた人生。
こんなはずじゃなかったって人のせいにすることだけはしたくない。

ダイヤモンドリリー【また逢う日を楽しみに】
この花をじっと見ていると花弁の中がキラキラしています。ダイヤモンドリリーという名前が付いたのが納得できます。水がなくても萎れにくいのでウエディングブーケや髪飾りによくつかわれるお花です。シンプルにまとめるのも素敵ですが、花首だけを短くカットして他の花とミックスして使ってもきれいです。白色のほかに淡いピンクなどもあるのでウエディングフラワーには欠かせない花です。

「心でみなくちゃ、
ものごとはよく見えないってことさ。
かんじんなことは、目に見えないんだよ」

サン=テグジュペリ(小説家・フランス/「星の王子さま」より)

子供の心をいつまでも持ち続けていたい。

カラー【壮大な美】/ミスカンサス【心が通じる】

「恋が終わっても、あなたの人生はまだたっぷり残っているのよ」

コレット(作家・フランス)

恋をしている人にとって恋愛以外の楽しみは考えられないのだろう。
恋以外の楽しいことをみつけよう！

クルクマ【あなたの姿に酔いしれる】／ファレノプシス【あなたを愛す】

「自分がきれいだと思うものは
何でも僕のものさ、
その気になれば世界中でもね」

トーベ・ヤンソン（作家・フィンランド/講談社「スナフキンの名言集」より）

ある人にとってそれは気持ちわるいもの。
でもある人にとっては心を動かすくらいきれいなもの。
感じ方は人それぞれ。大切なのは自分がどう感じるか。

ハス
ハスは花も美しくて好きな素材ですが、立ち枯れていく実も大好きです。人間も年を重ねて魅力的になっていければと思います。

「祇園精舎の鐘の声　諸行無常の響きあり
沙羅双樹の花の色　盛者必衰の理をあらわす
おごれる人も久しからず　ただ春の夜の夢のごとし
たけき者もついには滅びぬ　偏に風の前の塵に同じ」

作者不詳（日本／平家物語より）

永遠に続くものは何もない。
栄えたものは必ず滅びる。人生は夢のようだ。
やりたいことやったもん勝ち！

ハス／ニューサイラン【素直】／サラセニア／オクラ／プロテアコルダータ

プロテアコルダータは南アフリカから輸入された素材です。コルダータはラテン語で心臓です。
葉の形がハート形だからこの名前になったんでしょうね。

「念ずれば花ひらく」

坂村真民「さかむら、しんみん」（詩人・日本/「名言ナビ」より）

何事もまずは強い思いが不可欠だ。

パフィオペディルム／ギボシ【静かな人·沈静】／シロシマウチワ／トラデスカンチア【貴ぶ】／チューリップシード

チューリップの花は小さな子供でも知っていると思います。しかしチューリップの種は大人でも見たことがないと思います。あんなにかわいいお花が種子になると、別の個性を持って生まれ変わります。

ネリネ【箱入り娘】
濃いピンク、淡いピンク、白、等の色があるネリネはウエディングの髪飾りなどによくつかわれる花持ちが良い素材です。

アダンの実／ブラックベリー【人を思いやる心】
最初は濃い緑色をしたアダンの実ですが日がたつとオレンジ色に変わってきます。それは、まるで沖縄の夕日みたいな色です。

「『絵になる風景』を探すな。
よく見ると、どんな自然でも美しい」

ゴッホ（画家・オランダ／「映画『夢』黒沢明監督のセリフ」より）

こんなに美しい自然は
神様が作ったとしか言いようがない。

ダリア【優雅】／サンダーソニア【共感】／ケイトウ【色あせぬ恋】／アイビー【永遠の愛】／ワレモコウ【移りゆく日々】／ハラン【平癒】／キビ／ベルベロン【ひょうきんな】／ガマの穂【予言】／ビバーナムコンパクタ【神の祝福】／ラグラス

ダリアはボリュームが出せて色のバリエーションが豊富な花材です。花弁が傷つきやすいので扱いには気を使います。平面のお花なので花顔を少し斜に傾けてアレンジするとお花に表情がでて趣を感じます。

「何にでも、面白さを見つける。
その中に入っていく。
私はどこでも自分流の愉しみ方を見つけて
生きる名人です」

宇野千代(小説家・日本/海竜社「幸福の法則一日一言」より)

探せばいろいろ楽しいことはあるはず。ちょっと視点を変えるだけで見つかる。

ヒマワリ【あなたを見つめる】/サンダーソニア【共感】/ケイトウ【色あせぬ恋】/スカビオサ/ガマ【従順・素直】/トクサ【率直】/アジサイ/グリーントリュフュ【長くつづく愛情】/ヒペリカム【悲しみは続かない】/センニチコウ【変わらぬ愛】/他

ヒマワリといえば“太陽の花”のイメージを持つ明るい黄色が一般的ですが、最近は少し渋い色が出てきました。少し茶色っぽいものや黒いもの、レモン色のものなど、種類が増えてきました。名前も“ゴッホのヒマワリ”、“モネのヒマワリ”と、こだわりを感じます。夏のイメージが強い花ですが、初秋のイメージでも使ってみてはどうでしょうか。

「たとえば日暮れ時、
農家のあぜ道を一人で歩いていると考えてごらん。
庭先にりんどうの花がこぼれるばかりに
咲き乱れている農家の茶の間，灯りが明々とついて、
父親と母親がいて、子供たちがいて
賑やかに夕飯を食べている。
これが……これが本当の人間の生活
というものじゃないかね、君」

（映画・日本/「男はつらいよ」第８作『男はつらいよ 寅次郎恋歌』（1971年）より）

当たり前のことを当たり前に幸せと感じる。
意外と自分の周りには小さな幸せがたくさんあるかも……。

トウゴマ【魔よけ】／ヤマゴボウ【野生・元気】／アマランサス【気取り屋】／トルコキキョウ【希望】／ヒマワリ【あなたを見つめる】／クルクマ【あなたの姿に酔いしれる】／ヘリコニア【注目】／ベルベロン【ひょうきんな】／コリウス【誘惑・慎み深さ】／他

トウゴマには３つ特徴があります。それはグラデーションの美しい葉とイガイガした実に赤い茎です。個性的な素材なので、それぞれ良いところを引き出すために、パーツに切り分けてアレンジするとうまくまとまります。

「手の上ならば　尊敬のキッス
額の上ならば　友情のキッス
頬の上ならば　厚意のキッス
唇の上ならば　愛情のキッス
閉じた目の上ならば　憧憬のキッス
手のひらの上ならば　懇願のキッス
腕の首ならば　欲情のキッス
さてそのほかは　みんな狂気の沙汰」
グリルパルツァー（劇詩人・オーストリア/「世界の名言」より）

愛する人とキスしよう！！

バラ（ヘリオスロマンティカ）／スプレーバラ（オレンジ）／トルコキキョウ【希望】／セダム【静穏】／オミナエシ【約束】／ツルウメモドキ【真実・開運・大器晩成】／ヒューケラ【恋心・きらめき】
時代や流行に関係なく、丸い形のブーケは根強い人気があります。丸い形が、終わりのない永遠に続く愛をイメージするからなのか５０％以上の方がこの形のブーケをオーダーされます。お花で丸い形を作る時に注意することは輪郭がデコボコしないように、小ぶりの花材を使って大きな花材をつなげるとうまくいきます。

「年をとれば愛はどうしたって衰える。
でも、愛があれば
年を取るのはいくらか防げるのよ」

ジャンヌ・モロー（女優・フランス/講談社「私だって言ってみたい！人生が楽になる女たちの名文句」より）

海外に行くたびに、お年寄りが手をつないで散歩している光景をよく見かけた。
観ている自分まで思わず幸福な気分にさせてもらえる。

キイチゴ
以前は1.5m位の大きな枝ものとしてお花屋さんの店頭に並んでいたキイチゴですが最近は、40cm位の短くて葉っぱの詰まったものが生産されるようになりました。名前も“ベービーズハンズ”とかわいい名前になりました。花束やアレンジにも使いやすくお花屋さんにとって素晴らしい素材です。

「すべての不幸は幸福への踏み石に過ぎない」

ヘンリー・デイヴィッド・ソロー（作家・アメリカ／「地球の名言(Words of the earth)」より）

ずっと幸せで不幸の経験がない人は、幸福になってもその価値がわからない。

チューリップ【博愛】
チューリップの名前はイスラム教徒が頭に巻くターバンと似ていることから名前が付けられました。トルコで栽培されていたものがヨーロッパで品種改良されて日本へは江戸時代に来たそうです。

**「あなたの孤独を愛して下さい。
あなたに近い人々が遠く思われる、
とあなたは言われますが、
それこそあなたの周囲が
広くなり始めたことを示すものに
他なりません」**

リルケ(作家・オーストリア/「名言ナビ」より)

毎日、毎日、いつも誰かとつながっていないと
不安な人が多くなっているように思う。
たまには、メールもテレビもやめて静かに目をつぶってみると
この世界に生きているって実感する。

ダリア【優雅】/ケイトウ【色あせぬ恋】/キバナコスモス/千日紅/サンダーソニア【共感】/ヒペリカム【悲しみは続かない】/吾亦紅/ガイラルディア

数年前まで、ヒペリカムといえば赤い実やオレンジ色の実が付いた、一年をとおして手に入る花材でした。ここ最近は秋の紅葉シーズンに実はついていませんが、紅葉の枝ものとしてお花屋さんでお求めいただけるようになりました。濃い緑からオレンジかかった、茶色に移り変わっている独特の色合いが魅力的な素材です。花束やアレンジメントにも扱いやすい大きさなので秋らしいイメージを出すときに無くてはならない必須アイテムです。

「子供は誰でも芸術家だ。問題は大人になっても芸術家でいられるかどうかだ」

ピカソ(画家・スペイン／「～魂の救命ロープ～続・101匹名言大行進」より)

子供の心を持って結婚式を演出するとすごく楽しい披露宴になりそうだ。
決まりきった形式だけの儀式ではなく、純粋に楽しみを分かち合う人々の集い。
ほんの少しの工夫で記憶に残る結婚式を！

ヤマゴボウ【野生・元気】／ビバーナムティナス【私を見て】／ベニアオイ【幸福な愛】／アナナスの葉／松かさジンジャー

お花を生けるとき必ず水が必要なので花器を使います。花器を先に選ぶのか、花を先に選ぶのかはケースバイケースですが、花色と花器の色を同系色で合わせるのが定石です。お互いの色が響きあってより美しく仕上がります。花器の色が単色でなく多色の場合は、その中の色を一色引き出してその一色と同じ色の花を生けると花と花器につながりができて作品に一体感がでます。洋服やアクセサリーのコーデネートと同じ理屈ですね。

「Don't think.　Feel.
（考えるな，感じろ）」

ブルース・リー（男優・香港/映画「燃えよドラゴン」より）

机の上で考えるより表に出て風を感じて
五感で受け止めたほうがよくわかる。
100 万回メールでやり取りするよりも
一回会ってハグするほうが心が通じ合う。
それが人間だと思う。

ニューサイラン【素直】／グロリオーサリリー【栄光】

「ちいさいことをかさねることが、とんでもないところに行くただひとつの道」

イチロー（野球選手・日本/「イチロー名言com」より）

どんな仕事でも成功する秘訣は、
やはり日々小さなことの積み重ねしかない。
どんなに嫌なことがあってつらくとも、たとえゆっくりでも、
一歩一歩進みましょう。

ハラン【平穏】／サンキライ【不屈の精神】／ベッセラエレガンス【優雅】
ベッセラエレガンスはとても好きな花材の一つです。しなやかで繊細な茎に燃えるような朱色の赤を持つ、可憐で力強い相反する個性がある魅力的なお花です。

「根本的に才能とは
自分に何かができると信じることである」

ジョン・レノン(歌手・イギリス/「ジョン・レノンの名言」より)

自分は出来ると自己暗示をかけて憧れのヒーロー、ヒロインになりきる。
素直に実行する人としないは、一年後に別の人生を歩いている。

パフィオペディルム／ゴーヤの実【強壮】／ビバーナムコンパクタベリーの実

自分自身が楽しむためのお花に規制は何一つありません。明日まで原型をとどめないと思われる素材でもその短い期間楽しめればよいことです。緑色から黄色に熟れて食べられなくなったゴーヤも作品にとっては最高の素材です。

「笑わせる、いうんは
『空気を作る』っちゅうことなんや。
場の空気が沈んでいたり暗かったりしても、
その空気を変えられるだけの力が笑いにはあるんや。
ええ空気の中で仕事したら、
ええアイデアかて生まれるし、やる気も出てくる。
人に対して優しゅうなれるし、
自分のええ面が引き出される。
それくらい空気いうのは大事やし、
笑いって大事なんやで」

水野敬也（作家・日本/飛鳥新社「夢をかなえるゾウ」より）

笑う門には福来る。笑は世の中から戦争を無くす。
ええことずくしの笑を世界中に！

コスモス【乙女の純真】／ダリア【優雅】／ジニア／オミナエシ【約束】／ケイトウ【色あせぬ恋】／栗／ビバーナムティナス【私を見て】／キクミルクココア

“秋桜” と書き、秋の花の代名詞で日本原産イメージがあるコスモスですが、中南米、メキシコ生まれのラテン系です。ピンク系の色が一般的ですが、チョコレート色や黄色、白などもあり、花瓶に生けると水が濁りやすいので、こまめに水を変えると長持ちします。また、花に直接エアコンの風などが当たらない場所に置くことをおすすめします。

「漠然となんですけど、
ぼくが考えている目標というのは、
50歳まで現役でバリバリでプレイする
ということなのです」

イチロー（野球選手・日本/ ぴあ株式会社「夢をつかむイチロー 262のメッセージ」より）

大風呂敷を広げることはいいことだ。
自分自身を追い込んだほうが予想外の結果が生まれる。

アンスリューム（白）【情熱】
一昔前にアンスリュームといえばプラスチックと間違えるくらいに人工的なお花でした。最近はお花の大きさも大きなものからミニタイプなどバリエーションも増えました。飾り方もハワイアン風やトロピカル調のアレンジ以外に、モダンなインテリアと合わせる方が増えてきました。もっともっと新しい魅力を引き出したいお花の一つです。

「女は好きな人と
結婚しなけりゃだめよ。
好きな人だったら、
その人のために、
どんな苦労したって、
後悔しないと思うの。
お金も、地位も何も要らない。
大切なのはその人が
好きだってことね」

井上靖（小説家・日本／「名言ナビ」より）

なぜか一番大切なことよりも、
学歴、年収、家柄、などを
気にしてしまう。
好きだけで結婚は出来ないけど、
何よりも大切なことだ。

バンダ【上品な美】／フレキシーグラス

「一人で見る夢は夢でしかない。
しかし、誰かとみる夢は現実だ」

オノ ヨーコ
（歌手・日本/成美文庫
「いい言葉は、いい人生をつくる」より）

大好きな人と見る夢は格別。
至福の時をたいせつに。

パフィオ／フォックスフェース／他

「配られたカードで
勝負するっきゃないのさ……
それがどういう意味であれ」

チャールズ・M・シュルツ（漫画家・アメリカ／「スヌーピー」の名言集より）

素敵な人と出会った時に限って
いつもよりみすぼらしい自分自身の身だしなみ。
へこむことない。まず笑顔で聞き役に徹する。
大切なのは、その時に出来る最善を尽くすことだ。

カラー【壮大な美】

名前の由来はワイシャツ襟（カラー）に似ているのでついたとか。白い色のカラーはモダンなアレンジメントには必須アイテムですが、白以外のカラーもシックで大人っぽく、ブーケに使います。個性の強い花なので他の花を混ぜず一種類で束ねるとかっこよく仕上がります。ウエディングでドレスを変えないで、お色直しをする場合などブーケだけを２種類オーダーしてイメージを変える新婦様も最近多いです。

「他人を幸福にするのは、
香水をふりかけるようなものだ。
ふりかけるときに自分にも数滴はかかる」

ユダヤのことわざ（イスラエル／成美文庫「いい言葉は、いい人生をつくる」より）

幸福の香りは惜しみなくふりまこう！

モカラ【優美】／スマイラックス
お花の仕事を始めたころ東南アジアから輸入されていた蘭は淡いピンク色のデンファレ系しかなかったと思います。今ではモカラ系など様々な色と形のものが使えるようになり、デザインの幅が広がりました。特に夏場で切り花の持ちがよくない時に活躍するお花です。

「笑顔は世界一の宝石だ」

佐藤富雄(作家・日本/宝島社「成功を呼ぶ『口ぐせ』の科学」より)

大きなダイヤモンドや
ルビーみたいな宝石を身につけるより
素晴らしい笑顔でいるほうが、魅力的な女性に見える。

バラ／リンゴ／イタリアンベリー
クリスマスの時期にお花屋さんに行くと小さなリンゴがアレンジメントに入っていることがよくあります。農家の方は食用として作っていないので、食べるとお腹を壊すかもしれません。子供やペットが間違って食べないようにしましょう。

「泣くことを恐れるな。
涙はこころの痛みを流し去ってくれるのだから」

(「インディアンの格言」より)

老若男女、世の中のしがらみをすべてを忘れて
みんな赤ん坊の様に思いっきり泣いてすっきりしよう。

バラ(ビターラナンキュラ)／ビバーマムコンパクタベリー／オータムアジサイ／イタリアンベリー
お花をプレゼントするときに注意することは、こだわりです。花束やアレンジメントの中にメッセージを感じることが、受け取った人に感動を与えます。平均的にまとまった組み合わせは無難ですが、ちょっと冒険してみるとサプライズギフトになります。たとえば秋のギフトには、ふんだんに実を使ってみることがお奨めです。

「大丈夫、大丈夫、いつかはここを抜ける日がやってくる」

よしもとばなな(作家・日本/朝日出版社「ムーンライト・シャドウ」より)

悪いことはいつまでも続かない。
時とともにその悪いこともいい思い出として人生の一ページになる。

ハルシャギク【上機嫌】／ブラックベリー【人を思いやる心】／バラ(ベービーロマンティカ)／スプレーバラ(ラディッシュ)／ナデシコ【純愛】／マトリカリア／ヒメリンゴ【選ばれた愛・永久の幸せ】／アイビー【永遠の愛】／ビバーナムコンパクタベリー

お花をアレンジする場合、花の選択も大切ですがそれと同じくらいグリーンの選択に大切です。花だけだとチョットしっくりしない組み合わせもグリーンを入れると見違えるほどよくなります。

**「『こいつといっしょに、幸せになろう』とか
『こいつに幸せにしてもらおう』というよりも、
『こいつとだったら不幸になっても後悔しない』
という相手とめぐりあえたら、
最高なんじゃないかなぁ。
これは、一見ネガティブな考えに
思えるかもしれないけど、
いちばん強い絆なんじゃないかなぁ」**

糸井重里(コピーライター、エッセイスト・日本/「ほぼ日」より)

人生は誰と出会うかで決まる。お家にばかりいないで町へ出かけよう。
そしていい出会いに巡り合おう!

スプレーバラ(アンティークレース)/紅葉ヒペリカム/ヒメリンゴ【選ばれた愛・永久の幸せ】/レオニダス/ベニスモモ【誠意】/トルコキキョウ【希望】/ロホミルタス
お花を贈る時にどんな花が相手の方へ喜ばれるのか迷うことがあると思います。そんな時は、その人が普段身に着けているファッションをイメージします。その人の服装の色合いとか雰囲気をお花で表現してあげると喜ばれます。

「『疲れた』と思ったらとにかく眠る」

上大岡トメ(作家・日本/幻冬舎「キッパリ たった5分間で自分を変える方法」より)

体の疲れも心の疲れも、溜めないことが重要だ。
お風呂に入って温まり、良い睡眠をとろう。

バラ(ブラックティー)(ジュリア)(カフェラテ)他／ヒューケラ【恋心・きらめき】

「好奇心は大人にこそ必要です。好奇心のない女性は老けます」

真矢みき（女優・日本/小学館「真矢みき 願えばかなう！」より）

年齢とともに好奇心が少なくなってくる。
未経験なことにチャレンジしよう。

チョコレートコスモス【恋の思い出】／オータムアジサイ／ビバーナムティナス【私を見て】／バラ（カフェラテ）／スプレーバラ（アンティークブーケ）／ヒューケラ【恋心・きらめき】／オータムアジサイ
ウエディングブーケで同系色のブーケを作る場合、注意していることがあります。全体に色合いが単調でぼやけてしまわないようにアクセントになる色を少し加えてやることです。もちろん意識的に単調な色を出したいときもありますが、何色を入れるとピリッとするかイメージしておくことは大切ですね。

「幸福の鍵は健康と健忘ね」

イングリッド・バーグマン（女優・スウェーデン／成美文庫「いい言葉はいい人生をつくる」より）

永年つきあっていると良い所も悪い所も見えるものだ。
悪い所は忘れ去ろう。
そのほうがお互いHappyでいられる。

バラ（デザート）／スプレーバラ（コットンカップ）／ユーカリポプラス／アジサイ／アストランチア【知性・愛の渇き】／ベロニカ／マウンテンミント【高潔】／ホワイトスター【信じあう心】／リシアンサス【優美】／ヘリクリサムシルバー

あるテレビ番組の街頭インタビューで年配の男性がこんな質問を受けていました。『天国に持っていきたいものは何ですか？』男性は、『花束を持っていきたい』と答えました。なぜですか？と聞くと『久しぶりに妻に会うのでプレゼントしたい』。チョット感動しました。

「ルーシー『世界がかかえるさまざまな問題を知ったら、
そんなに嬉しそうな顔はしていられないわよ！』
スヌーピー『言わないで…知りたくないから。
なんにも知らないって、すっごくしあわせ！』」

チャールズ・M・シュルツ(漫画家・アメリカ/「スヌーピーの名言集」より)

知っても知らなくてもいいことは、知らないに越したことはない。
これだけ情報があふれている世界で生きていくには
どうでもいいことは知らないほうが幸せだ。

バラ（アプリコットファンデーション）／ダリア（ミッチャン）／ヘリクリサムライム／リシアンサス
【優美】
トルコキキョウはウエディングブーケでよく使う花材です。主役ではないけれど通年通して手に入り重宝する花材で、特に夏バラの品質があまり良くない時に使います。トルコキキョウという名前ですが、トルコ原産ではなく北アメリカ原産でリンドウの仲間です。ブーケのボリュームを出して軽く仕上げたいときなどトルコキキョウを使うと良いでしょう。

「二人の人間が
同じ場所から眺めてる。
一人は泥土を。
もう一人は星を」

ラングブリッジ(作家・アイルランド 「楽観と悲観」より)

同じ条件で同じ景色を見ることができるなら
胸を張って星を見上げたほうが美しい。

バラ(メイクルーザー) ／オンシジューム(白玉) ／ライラック【無邪気・青春の歓び】 ／アジサイ

「愛するということは
我らが互いに
見つめ合うことではなく、
ともに同じ方向を見つめることだ」

サン=テグジュペリ(作家・フランス/「何でも名言集」より)

同じ目標にむかって
一緒に歩いていく人がいるだけで幸せを感じる。

シャクヤク【恥じらい・はにかみ】/野ばら

「おしゃれをしない人間は、泥棒よりも醜いと思います」

宇野千代（小説家・日本/海竜社「幸福の法則一日一言」より）

ブランド品で身を固める必要はないけれど、
いくつになっても服装に気を配ることは大切だ。

バラ／ビバーナム【茶目っ気】／スカビオサ／イオノシジューム

ウエディングブーケのお花で白いお花の次に人気のある色はピンク系のお花です。最近は大人っぽいダークピンクが人気ですが、ローズピンクも新婦様の根強い支持を得ています。

「あなたは、ほんとうにそう思っているんですか？
他人によって永遠の幸せが得られるなんて。
いくらその他人が最愛の男だったとしても。
わたしは、自分自身の経験から、
男というものをよく知ってます。
だって、わたしもそのひとりなんですから。
男に期待しすぎてはいけません。
このことは、私にはよくわかっています」

アインシュタイン（科学者・ドイツ/ディスカバー新書「アインシュタイン150の言葉」より）

男でも女でも自立することが大切だ。
自分の足でしっかり立つ。そして前に進もう。

サクラ【優れた美人・精神美】
桜は春の花木のイメージがあり3月にならないとお花屋さんで入手できないとほとんどのお客様が思っているかと思います。品種によっては年末から年明けにかけて啓翁桜（ケイオウサクラ）が市場に出荷されます。最近では桜を使った結婚式の装飾をご希望されるお客様も多く、天井の高い会場にスケール感のあるお花を楽しんでいただいています。

「花は散るから美しいんだよ」

（フラワーデザインの仕事を始めたばかりのころ先輩から言われた言葉）

花は一輪でもそこから、オーラのような力を感じる。
シンプルにきれいな水の入ったガラス花器にただ投げ入れるだけできれいだ。
そして枯れ朽ちていくさまも素敵。花のように生きてみよう。

オトメユリ【飾らぬ美】／アジアンタム【天真爛漫】／ミスカンサス【心が通じる】

誰が名前を付けたのか、「乙女ゆり」って名前はこの花にぴったりな名前です。この乙女ユリは福島県と新潟県と山形県の県境にある山奥にしか自生していない大変稀少な原生種。絶滅危惧種にも指定されているそうです。大切にしたい日本の宝ですね。

「結局、勇気を出して行動を起こさなければ、極められるものも極められない」

須藤元気（作家・日本/ベースボールマガジン社「風の谷のあの人と結婚する方法」より）

ドリブルで何人かわしてもシュートを打たないとゴールは生まれない。
結果を恐れず、勇気をもって行動を起こす。

パフィオペディルム／アジサイ
秋色アジサイの色は一言でたとえようのない「印象派」の絵画のような色だと思います。私にとってこの花は「モネの睡蓮」くらいに美しい存在です。しっかり水揚げをすると本当に長く花を楽しめます。さらにドライフラワーとしても楽しめます。

「未練とは習慣を変えることへの恐れである」

宇野千代(小説家・日本/海竜社「幸福の法則一日一言」より)

惰性で生きることほどつらいことはない。
勇気を持って最初の一歩を踏み出そう。

ユーチャリス【気品】/パフィオペディルム/シンフォリカルポス【いつまでも献身的に】/トリステリア/ミラビフローラ/オクラレルカ【良い知らせ】

ユーチャリスにも百合と同じように花粉があります。この花粉は洋服につくと厄介です。万が一、洋服についたら決して擦らず、ガムテープなどでパタパタたたいてください。そのあとクリーニングに出すことをおすすめします。百合の花粉も同様に処理すると最小のダメージで済みます。

「価値のある良いことは、時間も手間もかかるもの」

ターシャ・テューダー
(絵本作家・アメリカ/メディアファクトリー「思うとおりに歩めばいいのよ」より)

時間をかければ愛着が出てくる。
愛着がでると大切に扱う。
そしてそれは宝物になる。

パフィオペディルム／アジサイ／トルコキキョウ【希望】／トラデスカンチア【貴ぶ】／スカビオサ／ベルテッセン【高潔】／フィットニャ

「五月の朝の新緑と薫風は
私の生活を貴族にする」

萩原朔太郎（詩人・日本/成美文庫
「いい言葉は、いい人生をつくる」より）

植物は心や身体の疲れをいやす。
目の疲れにも効果的。
お部屋にインテリアグリーンを飾り
穏やかな気持ちになろう。

スプレーバラ（エクレール）／ビバーナム【茶目っ気】／スモークグラス／ゼラニウム【愛情】／他

「花より団子」

（日本・ことわざ）

おなかがすいたら何か食べよう。
元気になったら花を眺めよう。

ダリア【優雅】／アスチルベ【恋の訪れ】／コスモス【乙女の純真】／シンフォリカルポス【いつまでも献身的】／フジバカマ

花の色は紫外線の関係なのか春よりも秋のほうが鮮やかに見えます。特にニュアンスカラーといわれる色目のバラは秋が美しいです。

ファレノプシス【あなたを愛す】／ムベの実
お花の模様と花器の模様を合わせると一体感がでます。

「一年たてば、すべて過去」

リチャード・カールソン
（セラピスト・アメリカ/サンマーク出版「小さいことにくよくよするな！」より）

ほとんどの悩みは時間が解決してくれる。
進学、就職、恋愛、の問題は１年後には
そんなこともあったなと思い出になっている。

「これでいいのだ」

赤塚不二夫
（漫画家・日本/講談社「天才バカボン・赤塚不二夫原作」より）

やるだけやったらあとは自信をもって後悔はしない。

スチールグラス／オンシジウム（シャーリーベイビー）【可憐】／モカラ【優美】／キセログラフィカ

**「恋は成就するから良いのではありません。
むしろ成就しない時こそ、
多くを学び身につくことも多いのです」**

渡辺淳一(小説家・日本/講談社「幸せ上手」より)

恋も仕事もすべて失敗から多くを学ぶ。

パフィオペディルム／アストランチア【知性・愛の渇き】／スモークツリー／ヒューケラ【恋心・きらめき】／他

花の色を組み合わせるとき、机上で考えてうまくいく場合と、現物を手に取って合わせてみないとわからない場合があります。現物を合わせていると思いがけない色の組み合わせが出来る時が何度かありました。期待以上の組み合わせが出来た時は「最高！」って叫びたくなります。

「顔立ち、顔の造作はね、
これは、もう生まれつきのものですから、
変えようもありません。
しかし、顔つきというのは、
これは、自分で作るものなのです。
心の持ち方一つで変わるものなのです」

宇野千代（小説家・日本/海竜社「幸福の法則一日一言」より）

21世紀の女性はお化粧のテクニックが進んだのでみな平均的にきれいになった。
でもそれが魅力的な女性かといわれるとちょっと違う気がする。
内面から素敵な女性になろう。

ミント【高潔】／ヘリクリサムシルバー／マトリカリア【集うよろこび】／アストランチア【知性・愛の渇き】／ゼラニウム【愛情】／ブラックベリー【人を思いやる心】

あるお花屋さんから聞いたお話です。朝、お店を開けてすぐに、小学3年生くらいの男の子がホウレンソウを持って店内に入ってきました。「どうしたの？」って聞くと持ってきたホウレンソウと花を束ねて花束にしてほしいとのことでした。何かあるのかと思い聞いてみると、友達が病弱で学校を休学するので、ホウレンソウの花束をプレゼントして、一日も早く元気になってほしいとのことでした。そのお花屋さんは男の子の友達を思う気持ちに感動して泣いてしまったそうです。お花で気持ちを伝えることに年齢制限はありません。

**「生きることは、
バランスを求めることであり、
美しくなろうとすることだ。
人間だけでなく、花でも動物でも」**

平山郁夫（画家・日本／「名言の小径」より）

この世のすべてのものは、バランスが取れていると心地よい。

ヒメリンゴ【選ばれた恋・永久の幸せ】／アワ【生命力】／アイビー【永遠の愛】／ホオズキ【半信半疑】／ワレモコウ【移りゆく日々】／ブルーベリー【信頼・思いやり】／他

「君という人間は、世界でただ一人、
唯一の存在なのだから、目標や生き方も、
世界で唯一のものなんだ。
他の誰かのヒントを
どれだけ多く吸収しても、
自分についての答えは見つからない」

リチャード・H・モリタ
（カウンセラー・アメリカ/イーハトーヴ出版
「自分らしく成功する6つのレッスン—自分の中の天才を見つける技術」より）

結局、答えは自分自身の中にある。

バラの実／ダリア【優雅】／ケイトウ【色あせぬ恋】／ソテツの実

出来るだけ時間が許す限り朝４時に起きて花市場へどんな花が生産者の方から出荷されているのか見に行きます。そんな時に、通常あまり見たことがない、ちょっと扱いにくい素材に出会うことが何度かありました。そんな素材に出会ったときは思わずアレンジメントに使いたくなります。

「明日は明日の風が吹く」

（日本の慣用句）

なるようになる。
なるようにしかならない。
悩んでも仕方ないことは忘れる。

バラの実／ノバラ【恩恵】／バラ／カボチャ

花を飾る時に身近にある野菜を組み合わせると違ったイメージに仕上がります。固定観念を持たず、自由に気ままに楽しんで作ると作品が楽しく出来上がります。

「いま泣いたカラスがもう笑う——
大人のわたしにはそれができない
からだばかりでなく頭が固いから
心が固いから」

相田みつを(詩人・日本/「にんげんだもの」詩「いま泣いたカラス」より)

時々子供がうらやましくなる。
気持ちを切り替えていこう。

ヒペリカム【悲しみは続かない】／アワ【生命力】／ゲットウの実／カラスウリ／ベッセラエレガンス【優雅】

カラスウリは実も花も個性的な素材です。グリーンからオレンジ色に変化する実の美しさと、夜にしか咲かない白いお花は、花弁が個性的で見応えがあります。

「この世のすべての病気には、
治療法があるかないかのどちらかだ。
もしあるなら、それを見つけるようにしなさい。
もしないなら、気にしないことだ」

作者不詳（イギリス／「マザー・グース伝承童話集」より）

病は気から。終わったことにくよくよしない。

フウセントウワタ【逆境と繁栄】／キク（シャムロック）【清浄・高潔】／グリーントリュフュ【長く続く愛情】／アンスリューム／ベルテッセン【高潔】／ゴーヤの蔓／栗／他

バラ（ミルバ）／ヒペリカム【悲しみは続かない】／ヒメリンゴ【選ばれた恋・永久の幸せ】／ヤシャブシンの実／ビバーマムコンパクタ【神の祝福】／カラスウリ

お花を密に挿すタイプのアレンジメントを作る時は、最初にある程度のグリーンで形を作り、お花をしっかり吸水性スポンジに挿します。挿し方が浅くあまいと花が長持ちしません。また花の茎を鋭角に切れるナイフかハサミでカットして挿しましょう。少しのことですがお花を少しでも長く持たせる大切なことです。

「気にするな。
ノアが箱船をつくったときもわらわれたんだ」

藤子・F・不二雄(漫画家・日本/小学館「ドラえもん 第4巻」より)

いつ起こるかわからない災害にびくびくしても仕方ないけど、
いざという時のために準備することは大切だ。

ヒメリンゴ【選ばれた恋・永久の幸せ】／ドウダンツツジ【節制】／アナベル【ひたむきな愛】／セダム【静穏】

**「幸福とは、最終的に欲しい果実を
手に入れるために、
今すぐ欲しい果実を
犠牲にすることによって
得られる収穫のことだ」**

スティーブン・R・コヴィー
（経営コンサルタント・アメリカ/キングベアー出版
「7つの習慣・名言集」より）

きっと神様は空の上から
あなたのことをみています。
我慢も大切。

**「美しい女性を口説こうと思った時、
ライバルの男がバラの花を 10 本贈ったら、
君は 15 本贈るかい？？そう思った時点で君の負けだ。
ライバルが何をしようと関係ない。
その女性が本当に何を望んでいるのかを、
見極めることが重要なんだ」**
スティーブ・ジョブズ（企業家・アメリカ／「ウェブ石碑名言集」より）

ライバルを意識するのではなく本質は何かを問い続けることが大切だ。

ヒメリンゴ【選ばれた恋・永久の幸せ】／タイサンボク【壮麗】／ブラックベリー【人を思いやる心】／ビバーナムコンパクタベリー／他
お庭が素敵なゲストハウスで披露宴をされる新婦さまには、ちょっと自然なイメージのブーケがぴったりです。特に秋におすすめのブーケはいろいろなベリーを使ったものです。最近のお客様で挙式後ご自宅に持ち帰ってドライフラワーにして楽しむお二人もいらっしゃいました。

「人生の節目となる瞬間は、自分ではそれとわからない」

斉藤茂太（作家・日本/成美文庫「いい言葉はいい人生をつくる」・映画フィールド・オブ・ドリームスより）

その時最善の決断だと思っていても、
１年後には最悪の結果を招いていたことがある。
もちろんその逆もあり得るわけで、
出した結論の良いか悪いかは
何十年も先にならないとわからないものだ。

タイサンボク【壮麗】／スプレーバラ／ゲイラックス【柔和】
最近、ウエディングブーケで使う花材のトレンドは、アンテーク、ヴィンテージ、ニュアンス等の言葉で表すことができます。具体的な色目は落ち着いた彩度の低い色です。キーワードは「大人っぽくてかわいい」です。

「Life was like a box of chocolates.
You never know what
you're gonna get.
人生はチョコレートの箱だ。
開けてみるまで中身は分からない」

映画のセリフ
（アメリカ/パラマウント ジャパン映画「フォレスト・ガンプ」より）

ミント味、ビターな味、
ミルク味、ラム酒の味、
どんな味かは食べてみないと
わからない。

パフィオペディルム／モカラ【優美】／ロフォミルタス／カンガルーポー【可能性・不思議】

「全ての人には個性の美しさがある」

ラルフ・ワルド・エマーソン（思想家・アメリカ／「名言ナビ」より）

世界で一つだけの自分だけの美しい個性を誰もが持っていると思う。

キク【清浄・高潔】／ミディファレノプシス【あなたを愛す】／フランネルフラワー【高潔】／ビバーナムティナス【私を見て】／トルコキキョウ【希望】／アイビー【永遠の愛】／紫式部【聡明】

「あきらめたらそこで試合終了だよ」

井上雄彦（漫画家・日本/集英社「スラムダンク」より）

いつなんどきでも Never give up の精神で立ち向かおう。

ハス／シンフォリカルポス【いつまでも献身的に】／トルコキキョウ【希望】／ミント【高潔】／バジル／マウンテンミント【高潔】／ヘリクリサムシルバー／マリーサイモン
日本でハスの実は仏様のお花というイメージが強いですが、ヨーロッパ等ではギフトの花束に実を使ったりします。お国柄の違いが花の使い方に出ています。

「私は鳥が歌うように、絵を描きたい」

クロード・モネ（画家・フランス／「人生最強の名言集」より）

無邪気に時間を忘れて遊ぶように、
仕事も家事も楽しんで笑顔で取り組もう。
泣いても笑っても同じ一生。

ヒマワリ【あなたを見つめる】／ブラックベリー【人を思いやる心】／ケイトウ【色あせぬ恋】／利休草【奥ゆかしさ】／トルコキキョウ【希望】／アジサイ

ヒマワリの花束をプレゼントするときは、渡す相手のお家に大きな花瓶があるかどうか確認が必要です。ヒマワリはバラよりも花首が大きく重いので、小さな花瓶に生けると不安定です。花瓶が有るか無いか不明な場合は、花瓶が不要なそのまま飾れるアレンジメントをおすすめします。ヒマワリは存在が太陽のように明るい花です。だからヒマワリをアレンジするときは、陰を意識して作ります。たとえば、花顔を少し葉っぱで隠して恥ずかしそうな雰囲気を出す。花顔を斜にして光を屈折させる。花の後ろ側も見せる。時には必要に応じて花びらをむしりとって枯れた感じを出したりします。

「わたし、男を取り替えるけど
友達は変えないの」

ブリジット・バルドー
（女優・フランス/
講談社「私だって言ってみたい！
人生が楽になる女たちの
名文句」より）

素晴らしい人生は、
素晴らしい友人の数に
比例すると思います。

パフィオペディルム／タニワタリ【進歩】／シンフォリカルポス【いつまでも献身的に】

「恋ってのは、それはもう、
ため息と涙でできたものですよ」

シェイクスピア
（劇作家・イギリス／
新潮社「お気に召すまま」より）

恋をしましょう！
人生が100倍たのしくなります。

松の実／アナナス／ハワイアンベイビーウッド／シンフォリカルポス【いつまでも献身的に】／ヤマゴボウ【野生・元気】／ピンクジンジャー／アジサイ

「僕は夜夢を見るんじゃない。
一日中夢を見ている。
生きる糧として、夢を見ている」

スティーヴン・スピルバーグ（映画監督・アメリカ／「名言ナビ」より）

夢は生活必需品だ。

キリ【高尚】／ヒペリカム【悲しみは続かない】／イチョウ【しとやか・長寿】／スモークグラス／カンガルーポー【可能性・不思議】／アスチルベ【恋の訪れ】／アナベル【ひたむきな愛】／ワレモコウ【移りゆく日々】

「ま，腹八分はささいなことに見えるかもわからんけど、
これ、今日からズットやってみ。
食べたいと思ても腹八分で必ずおさえるんや。
そうやって自分で自分をコントロールすることが
楽しめるようになったら、生活変わってくるで」
水野敬也（作家・日本/飛鳥新社「夢をかなえるゾウ」より）

最初はささいなことで自分をコントロールする。
自信がついて些細なことから少しずつハードルを上げていく。
予想もしなかった結果がでる。

クリ【公平】／アワ【生命力】／アジサイ／ヘクソカズラ／グリーントリュフュ【長く続く愛情】／オナモミ

「部屋に花を飾り、静かな音楽を流し
美しいインテリアに囲まれて暮らしていれば
その波動で人は勝手に美しくなります。
美しさを手に入れるのは実は簡単なことなのです」

美輪明宏(タレント・日本/「美輪明宏の名言」より)

人は環境によって変わる。いい環境で生活して美しくなろう。

トルコキキョウ【希望（花と緑）】／アストランチア【知性・愛の渇き】／フジバカマ／スカビオサ／アマランサス【気取り屋】

「どんなに勉強ができなくても、
どんなに喧嘩が弱くても
どこかに君の宝石があるはずだよ。
その宝石を磨いて、魂をピカピカに磨いて魅せてよ」

藤子・F・不二雄(漫画家・日本/「ドラえもんの名言」より)

誰にでも長所はある。ここを大切に伸ばしていこう。

バラ（ライム）／ユーカリテトラゴナ／ビバーナムティナス【私を見て】／ヒムロ杉

ユーカリといえばコアラの大好物のイメージがありますが、ユーカリグロボラスベリーは白く粉をふいたお菓子のような実がついているユーカリの仲間です。ちなみにコアラは美食家でユーカリの新芽しか食べないそうです。

「僕がこんなに、あのバラのことが気になるのは、
バラが僕のことを愛してくれたからじゃない。
僕が、バラのことをたくさん世話したからなんだ」

サン＝テグジュペリ（小説家・フランス／「星の王子さまの名言」より）

物事は、世話をかければかけるほど愛着が出てくる。
どんなものにも愛情を惜しみなくかけよう。

バラ（サムライ）／スプレーバラ（タマンゴ）／スプレーバラ（アンダルシア）／アイビー【永遠の愛】
２０年前のお花屋さんには今みたいに多くの種類の花がありませんでした。赤いバラも２～３種類くらいしかなく、お客様のご注文も"赤いバラとカスミソウ"の人気がダントツで一番でした。今でも年配の方に人気のあるカスミソウですが、若い世代の反応はいま一つみたいです。素敵な色合わせの花束も、カスミソウを入れるとカスミソウのイメージに染まってしまって本来の色合いの良さが薄れてしまうからなんでしょうか。

「恋愛の充実は、
１人の時間の充実から始まる」

作者不詳(日本/「名言ナビ」より)

まず自分自身が充実していないと始まらない。

パフィオ／カンガルーポー【可能性・不思議】／吾亦紅／トルコキキョウ【希望】／紫式部【聡明】／他

「恋ははしかと同じで、誰でも一度はかかる」

ジェローム・K・ジェローム
（作家・イギリス/「名言ナビ」より）

かかると免疫ができて強くなる。

矢車草【繊細】／パフィオ／ベルテッセン【高潔】／アジアンタム【天真爛漫】／コバノズイナ【一生あなたに従います】／他

「良い結婚はあるが、うっとりするほど楽しいだけの結婚はない」

ラ・ロシュフーコー（作家・フランス/成美文庫「いい言葉はいい人生をつくる」斉藤茂太著より）

結婚は夢だけではなく現実とのバランスが大切。

バラ（ハローウイン）／スプレーバラ（ラディシュ）／シンフォリカルポス【いつまでも献身的に】／フジバカマ／ホトトギス／ポンポンスカビオーサ／トルコキキョウ【希望】／アストランチア【知性・愛の渇き】／紫式部【聡明】

ピンク系のウェディングブーケをオーダーするときには必ずイメージしている色がわかる写真をお花屋さんにお持ちになることをおすすめします。それはピンク系の色目は人それぞれで全く違うからです。以前、お客様が忙しくて、打ち合わせの時間が取れず、電話で"ピンク系のラウンドタイプのブーケでお任せ"というご注文をいただきました。私がイメージしたピンク色は一般に淡い桃色といわれる、シュガーピンクでした。しかし新婦さまがイメージしていたピンクはアプリコット色に近いサーモンピンクでした。幸い打ち合わせの時間ができて新婦さまがご来店いただき、色目を変更して無事イメージ通りのブーケをお届けできたのですが、何事も思い込みはいけないと反省しました。

「一輪でも花は美しい。
ですが、花束はもっと美しいでしょう？」

ダライ・ラマ14世（宗教家・チベット／「ダライ・ラマ14世の名言集」より）

一人の笑顔もいいけどたくさんの笑顔はもっと良い。

バラ（イヴピアッツェ）／バラ（リメンブランス）／スプレーバラ（パリ）／スプレーバラ（エマレッタ）／アジサイ／ライラック【無邪気・青春の歓び】

４月から５月にかけて花を咲かせていい香りがするライラックはウエディングブーケにもよく使う花材です。最近ではオランダから輸入されたものが一年中出荷されています。ご家庭で楽しむ場合は栄養剤を混ぜた水を使うと長持ちするので栄養剤を入れるのを忘れないようにお願いします。

「いちばん大切なのは
自分がしていることに夢中になること、
次に大切なのは自分の年齢を意識しないことだ」
ボブ・ホープ(男優・アメリカ/ディスカバー21「一分間でやる気が出る146のヒント」より)

夢中になれるものをたくさん持っていると
時間も年齢もわすれてしまう。いつまでも青春しよう。

スプレーバラ(リトルシルバー)／アジサイ／ビバーナムティナス【私を見て】／ダスティーミラー【あなたを支える】
紫色でまとめたブーケは一歩間違えると、さみしくて地味になりがちです。しかし、気品のある方が持つと驚くほど優美になります。どんなブーケでも、新婦様の個性に合っていることが大切ですね。

「あなたのこころがきれいだから
なんでもきれいに　見えるんだなあ」

相田みつを（詩人・日本/相田みつをの名言「日めくりの世界」より）

いくつになっても、いつまでも純粋な気持ちを持ち続けよう。

シャクヤク【恥じらい・はにかみ】
これから結婚される、ほとんどの新郎と新婦さまは、会場装花、ブーケなどお花の打ち合わせを結婚の３ヶ月前から始めます。最初の打ち合わせは、お二人にとって、何もかも初めてのことばかりなので、ちょっとお疲れのことが多いのですが、１ヶ月前には二人の息も合い、新郎様は逞しく、新婦様は本当に綺麗になっていきます。当日の主役は新郎、新婦様です。ブーケは、新婦様がより美しくなるお手伝いのために、華美になりすぎないようなデザインが理想だと思います。

「服のお古はいやがるくせに、男のお古はどうして平気なの

フランソワーズ・サガン（小説家・フランス/講談社「私だって言ってみたい！人生が楽になる女たちの名文句」より）

男女関係なくオリジナルの人生経験をされた人は何か魅力を感じる。
真っ新なジーンズを様々な経験をしてヴィンテージ・ジーンズにしたい。

イブミオラ／コスモス【乙女の純真】／トルコキキョウ【希望】／ユウゼン／オータムアジサイ／オールドファンタジー

花束をプレゼントされてほとんどの人が顔を花に寄せて香りをかいでいます。そんな時、女性は特に幸せな顔をしています。私はブーケを作る時は香りの良い花を一種類入れるように心がけています。

「ホールインワンは
狙ってできるものではない。
しかし狙わなければ決してできない」

アーノルド・パーマー（ゴルフプレーヤー・アメリカ／ラジオ J-WAVE プレシャスワード）

宝くじも買わなければ当たらない。
何事も行動しなければ成功も失敗もない。

八重チューリップ／スプレーバラ（ドラフトワン）

日本にバブルの時代があったように、オランダにも17世紀にバブルの時代がありました。バブル絶頂期にはチューリップの球根一個で邸宅が一戸買えたそうです。歴史は繰り返すとはこのことですね。

「世の中に『？』と『！』と両方あれば他にはもう何もいらないんじゃないでしょうかね？」

まどみちお（詩人・日本/PHP文庫/日野原重明著「100才のことば100選」より）

好奇心と感動する心を持っていれば毎日、朝起きるのが楽しみだ。

チューリップ【博愛】
誰しもがチューリップの絵を幼稚園時に描いた記憶があると思います。その昔、チューリップの絵は歌にもあるように「赤、白、黄色」が一般的でした。今ではオレンジ、濃い紫、緑、白地に赤い縁取りなど本当に様々な色が出てきています。咲き方も一重の花弁や、八重のもの、フリンジにギザギザになった花弁を持っているものなどたくさんあります。たくさんの本数で飾るのもいいですが、一本だけコップにさりげなく飾るのも大好きです。

「人生で大切なことは、何を成し遂げたかではなくどういう人であったかだと思う」

新井光史（フラワーデザイナー・日本）

自分自身に納得できる人生を生きよう。

ラナンキュラス

ラナンキュラスは花弁が繊細で素敵な花ですが、名前はラテン語でカエルをあらわす「ラナ」から来ているそうです。そういえば葉っぱもカエルの手に似ています。

「新しい作品の構想を練る最高のチャンスはお皿を洗っているとき」

アガサ・クリスティー（作家・イギリス/講談社「私だって言ってみたい！人生が楽になる女たちの名文句」より）

私はお風呂に入っている時，良いアイデアが浮かぶ。

アネモネ
アネモネはギリシャ語で風を表すanemosから来ているそうです。お部屋の中が暖かだと開花して大きい花弁を咲かせます。

「春は花に酔い、夏は風に酔い、
秋は月に酔い冬は雪に酔う」

小堀遠州（茶人・日本/「小堀遠州書捨文」より）

春には花粉が飛んでいるから早く夏にならないかと思い、
夏には、寝苦しい夜が早く終わらないかと秋が来るのを待ち、
秋には仕事に追われ休めず、
冬は寒さに凍えてあわただしい一年であっても、
四季を肌で感じることができる、
この国が大好きだ。

ヒヤシンス【スポーツ・遊び】／ムスカリ
[明るい未来]

小学生の頃ヒヤシンスの球根を水だけで育てたことがあります。毎日毎日どれだけ大きくなったか観察しました。玉ネギみたいな球根からみずみずしい茎が伸びてきて、次に花が咲き、そして部屋中が良い香りで満たされました。今でも目をつむるとその時にタイムスリップすることができます。

「『花』という漢字は『くさかんむり』に
『ばける』と書きます。
もとはつぼみがひらき、咲き、散る、
という変化があることを表し、
そのような漢字になったとか。
でも私は『くさ（はな）』を集めると
美しい贈り物に『化け』、
人の気持ちも『かえられる（動かせる）』
ということで『花』なんです！
と勝手に解釈しています……」
（友人、松田さんの言葉）

私は、フラワーデザイナーである以上
一本の花を大化けさせる技術と感性は常に磨きをかけるように心がけている。

デルフィニューム／スカビオサ／ビバーナムティナス【私を見て】／ホトトギス／トラデスカンチア【貴ぶ】／アジサイ／センブリ／カーネーション／アストランチア【知性・愛の渇き】／他
デルフィニュームは青い花の中でボリュームよくラインを作れる花です。以前は産地から出荷する前に処理する落花防止の薬が一般的でなかったので花屋さんで水揚げしている時に花が全部落ちてしまうことがありました。今では産地でしっかり処理されたものがほとんどなので、安心してアレンジできます。一本に存在感があるので、大きなパーティーデコレーションなどで重宝される素材です。

パンジー【物思い】／リューココリネ／ラナンキュラス

パンジーの花言葉は「物思い」だそうです。夏に少し花首が傾くのが物思いにふけっているように見えるからだとか、、最近はペルシャ絨毯のような素敵な色合いの品種も出てきました。

「キスって唇を思いっきり使って仲良く黙ること」

センター・バーガー（女優・オーストリア　/講談社「私だって言ってみたい！人生が楽になる女たちの名文句」より）

日本人が肉食になって若者の平均身長がずいぶん高くなったように、
数千年後、日本人にとって
キスが挨拶代わりになる時が来るのかどうか興味がある。

スプレーバラ／パンジー【物思い】／アネモネ／トルコキキョウ【希望】／リューココリネ／千日紅／ポンポンスカビオーサ／ムスカリ／ワックスフラワー
花の色の組み合わせを考えるのはとても楽しいことです。一つ一つジグソーパズルを組み立てるようにアレンジしていきます。最後の一輪を入れる時は最高の瞬間です。

「夢だけど夢じゃなかった」

『となりのトトロ』サツキとメイのセリフ（日本／「ジブリアニメの名言」より）

正夢ってあると思う。見た夢が現実になる。
神様から見れば、人間の一生も一夜の夢みたいなもの。
みんなで素敵な夢をみましょう。

「お金がないのは不幸ではないけど不便」

中島　薫（作家・日本/サンマーク文庫「お金の哲学」より）

お金は道具。
道具は大切に扱わないと怪我をする。
大事に扱うと素晴らしい作品を作る手助けをしてくれる。
大切に扱おう。

ファレノプシス【あなたを愛する】／ケイトウ【色あせぬ恋】
鶏頭はその名のとおり、鶏のトサカから命名されたお花です。一輪だと楚々として草花の風情がありますが、多くをまとめて使うと別の表情を見せてくれます。胡蝶蘭と合わせるとモダンな装飾にピッタリです。

「若い女は美しい。
しかし、老いた女はもっと美しい」

ホイットマン(詩人・アメリカ/「名言集.com」より)

風雪に耐えて開花した花は温室で育った花より美しい。

ファレノプシス【あなたを愛す】／ミディファレノ（ゼブラ）／コスモス【乙女の純真】／フジバカマ／紫式部【聡明】／アスチルベ【恋の訪れ】／ピンクスター

丸い形を面でデザインするときは、先がとんがった花とか立体的な花ではなく、平面の顔を持つ花を意識して選びます。胡蝶蘭、コスモス、ガーベラとかはピッタリな花材です。

「一生は短いんですもの。
やりたくないことに時間を費やすなんて、
もったいないわ」

ターシャ・テューダー（絵本作家・アメリカ／メディアファクトリー「思うとおりに歩めばいいのよ」より）

やりたいことをやっているとどんなに大変でも、変なストレスを感じない。
そしてやり遂げたときの達成感はたまらない。
いくつになってもストレスフリーな人生を歩いていこう。

クレマチス【心の美しさ】／ベルテッセン【高潔】／ビバーナムティナス【私を見て】

「素敵な出会いが欲しいなら
教養と知識のネタを蓄えることが大切です」

美輪 明宏（作家・日本/「名言集言葉のチカラ」より）

まずは自分を磨かないと始まらない。
自分が光っていると分相応な相手が現れる。

バンダ【上品な美】／モカラ【優美】／アジサイ／ヒューケラ【恋心・きらめき】

「世界に何十億と女がいるのに、
一人の女に振られただけで、
そんなに落ち込んでどうする。
もっと素晴らしく、
お前を愛してくれる女の子は一杯いる。
めぐりあってないだけだ」

北野武(映画監督・日本/祥伝社「僕は馬鹿になった。」より)

考えてみたら世界の50%は女性か男性なんだ。
大丈夫、チャンスは無限大。

パフィオペディルム/トルコキキョウ【希望】/スカビオサ/ブラックベリー【人を思いやる心】/スグリ【私はあなたを喜ばせる】/ベルテッセン【高潔】/アワ【生命力】/アジアンタム【天真爛漫】/ヒューケラ【恋心・きらめき】/利休草【奥ゆかしさ】

お花をアレンジするときにまずどんなお花を使うか決める事を最初にします。しかし、時々グリーン(葉物)を最初に決める時があります。そんな時のほうが意外と素敵に仕上がったような気がします。

「『どれくらい私のこと好き？』と緑が訊いた。『世界中のジャングルの虎がみんな溶けてバターになってしまうくらい好きだ』と僕は言った」

村上春樹（作家・日本／講談社「ノルウェイの森 下」より）

昔読んだチビクロサンボを思いだす。
世界経済のことを考えるのも大切だけど、
それ以外のことも知っている遊び心のある人は素敵だ。

タイサンボク【壮麗】／バラ（ベイビーロマンティカ）／スプレーバラ（アンティークレース）／ヒメリンゴ【選ばれた恋・永久の幸せ】／シンフォリカルポス【いつまでも献身的に】／ビバーナムコンパクタ【神の祝福】／ブラックベリー【人を思いやる心】／アイビー【永遠の愛】／ノブドウ／キビ／ホウズキ／ベルベロン【ひょうきんな】／他

あるイベントで「プロポーズの時どんな花をプレゼントしますか？」と質問されました。シンプルで季節感のある花を10本くらい束ねたものか、いろいろな花をたくさん混ぜた花束か迷いました。結論は、気持ちがこもっていれば一本でも100本でも同じだということです。プロポーズの時間はお二人にとって、記憶に残る時間です。大切にしてください。

「人の一生はその人の想像力の色に染め上げられます。あなたは自分の好きな色を選び、塗ることができるのです」

ジョセフ・マーフィー(教育者・アメリカ/「名言ナビ」より)

どうせ塗るのだったら自分好みの色で塗りつぶそう。

トルコキキョウ【希望】／ヒマワリ【あなたを見つめる】／ブラックベリー【人を思いやる心】／ヒューケラ【恋心・きらめき】

お花のプレゼントを受け取る方が年配の時は、あまり渋い色合いのものや枯れて見える茶系の色は、お奨めしないようにしています。いくら自分の好みでも受け取った方が不快に思いそうなプレゼントは避けたほうが無難です。ただし珍しい色の花やデザインを好まれるお客様の場合は例外です。

コスモス【乙女の純真】／ダリア【優雅】／セダム【静穏】／ヒペリカム【悲しみは続かない】／キリ【高尚】／キバナコスモス【野生美】／スカビオサ／紫式部【聡明】／ワレモコウ【移りゆく日々／トルコキキョウ【希望】／スモークグラス

「人間は楽しいから笑うのではなく、笑うから楽しくなる」

本田直之（作家・日本/大和書房「ゆるい生き方」より）

笑う門には福来る。落ち込んだら無理にでも笑ってみよう。
少しは元気になる。

「どうぞ、あなたも、
口に出して言ってみてください。
『幸福は幸福を呼ぶ』
なんだか呪文を唱えたように
心がすっきりしたでしょう。
幸福が幸福を呼ぶ。
そして、不幸もまた不幸を呼ぶのです。
不幸を呼ぶ人間にはなりたくないものです」

宇野千代(小説家・日本/海竜社「幸福の法則一日一言」より)

良いことはもっと良いことを呼んで雪だるまのように大きくなる。
良いことをイメージしよう。
何が起こっても良いことだと思うことが大切。

クレマチス【心の美しさ】／アジサイ／スモークツリー／ベルテッセン【高潔】／ブラックベリー【人を思いやる心】／アスチルベ【恋の訪れ】／チョコレートコスモス【恋の思い出】

10数年前、男性のお客様で花束を故郷のお母さんの誕生日に贈る依頼を受けました。コスモスがとても綺麗だったのでお勧めしたところとっても気に入っていただきました。数日後、花束を受け取ったお母様よりお電話をいただきました。息子からの気持ちは本当に感謝している。花のことを知らないでお花屋さんに相談したと思うけど、“都会では珍しいコスモスでも田舎では畑や道端にいっぱい咲いている。来年もし息子が花を買いに行ったらバラとかカトレアとかもっと花屋さんでしか手に入らない花を今度は勧めてほしいと優しく言われました。プレゼントを受け取る方が住んでいる環境も考えてお奨めしないといけないと反省しました。

「いのちいっぱい　じぶんの花を」

相田みつを（詩人・日本/角川書店「いのちいっぱい　じぶんの花を」より）

オリジナル人生で行きたいね。

忘れな草【私を忘れないで・真実の恋】／アストランチア【知性・愛の渇き】／ツルバキア【残り香】／アスチルベ【恋の訪れ】／えんどう豆の花／ラグラス／バイモユリ／他

以前は自宅にお花を飾ることをしていませんでした。お花を扱うことを仕事としていて、仕事で花まみれになるので本能がそうさせていたのかもしれません。今では、仕事としてではなく、自分自身と対話するように一輪の花を部屋に飾ると気持ちが浄化されるように感じます。「花のチカラ」恐るべしです。

「ときには、二〇歳の青年よりも六〇歳の人に青春がある」

サミュエル・ウルマン（詩人・アメリカ／「名言ナビ」より）

いつまでも心の季節は青い春でいたいと思う。

ミント【高潔】／ローズゼラニューム／リューイーソー（緑一色）／他
ミントの仲間でリンゴの香りがするアップルミントとパイナップルの香りのパイナップルミントがあります。比較的簡単に育てられます。

ブラッシア(スパイダーオーキッド)
もともと、お花は人間に観賞してもらうためではなく、子孫を残すため進化していきました。それを私たちは観て楽しませていただいています。私はすべての花に感謝します。

新井光史

第一園芸デザインセクションマネジャー。2000年世界蘭展のフラワーデザイン部門最優秀賞、同年東京カップのオブジェ部門最優秀賞受賞。2008年にはジャパンカップ・フラワーデザイン競技会にて優勝、内閣総理大臣賞を受賞し日本一に 輝く。2011年台湾で行なわれたインターコンチネンタルカップ・フラワーデザイン競技会には、日本代表 として参加し5位入賞。

Koji Arai

Design Section Manager, Daiichi Engei Co., Ltd.Winner of the Grand Prix Prize and Prime Minister' s Award at 2008 Japan Cup Flower Design Competition. Also awarded 5th place at the 2011 Intercontinental Cup Flower Design Competition held in Taiwan.

花サプリ
しあわせいっぱい、ことばの花束120

著：新井光史

発行日：2012年6月9日　第1刷発行
　　　　2016年4月5日　第2刷発行

発行人 : 柳谷行宏
発行所 : 有限会社雷鳥社
〒 167-0043
東京都杉並区上荻 2-4-12
tel 03-5303-9766
fax 03-5303-9567
http://www.raichosha.co.jp
info@raichosha.co.jp
郵便振替：00110-9-97086

印刷・製本 : シナノ印刷株式会社

編集 : 柳谷杞一郎 / 益田 光
ブックデザイン : 植木ななせ

ISBN978-4-8441-3589-0 C0072
printed in japan